училище - maktab	2
пътуване - sayohat	5
транспорт - transport	8
град - shahar	10
пейзаж - manzara	14
ресторант - restoran	17
супермаркет - supermarket	20
напитки - ichimliklar	22
ядене - taom	23
селски двор - chorvachilik xo'jaligi	27
къща - uy	31
всекидневна - mehmonxona	33
кухня - oshxona	35
баня - vannaxona	38
детска стая - bolalar xonasi	42
облекло - kiyim	44
офис - idora	49
икономика - iqtisod	51
професии - kasblar	53
инструменти - asboblar	56
музикални инструменти - musiqa asboblari	57
зоологическа градина - hayvonot bog'i	59
спорт - sport o'yinlari	62
дейности - mashg'ulot	63
семейство - oila	67
тяло - tana	68
болница - shifoxona	72
спешен случай - tez yordam	76
Земя - yer	77
часовник - soat	79
седмица - xafta	80
година - yil	81
форми - shakllar	83
цветове - ranglar	84
противоположности - qarama-qarshi ma'noli so'zlar	85
числа - raqamlar	88
езици - tillar	90
кой / какво / как - kim / nima / qanday	91
къде - qayerda	92

Impressum
Verlag: BABADADA GmbH, Nedderfeld 112 , 22529 Hamburg
Geschäftsführer / Verlagsleitung: Harald Hof
Druck: Books on Demand GmbH, In de Tarpen 42, 22848 Norderstedt

Imprint
Publisher: BABADADA GmbH, Nedderfeld 112 , 22529 Hamburg, Germany
Managing Director / Publishing direction: Harald Hof
Print: Books on Demand GmbH, In de Tarpen 42, 22848 Norderstedt, Germany

училище
maktab

класна стая / sinf

деление / bo'lmoq

186/2

черна дъска / doska

училищен двор / maktab hovlisi

учител / o'qituvchi

хартия / qog'oz

пиша / yozmoq

химикал / ruchka

бюро / ish stoli

линеал / lineyka

книга / kitob

ученик / o'quvchi

ученическа раница
osma sumka

ученически несесер
qalamdon

молив
qalam

острилка за моливи
qalam uchlagich

гума
o'chirgich

блок за рисуване
rasm albomi

рисунка
chizmachilik

четка
bo'yoq cho'tka

акварелни бои
bo'yoqdon

ножица
qaychi

лепило
yelim

тетрадка за упражнения
mashg'ulot daftari

домашна работа
uy ishi

число
raqam

събиране
qo'shmoq

изваждане
ayirmoq

умножение
ko'paytirmoq

смятане
sanamoq

буква
xat

азбука
alifbo

дума
so'z boyligi

училище - maktab

текст
matn

чета
o'qimoq

тебешир
bo'r

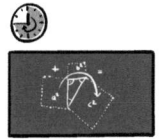
час
dars

дневник на класа
jurnal

изпит
imtihon

свидетелство
guvohnoma

ученическа униформа
maktab formasi

образование
ta'lim

справочник
qomus

университет
oliygoh

микроскоп
mikroskop

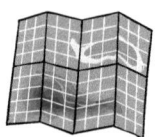
карта
xarita

кошче за хартиени отпадъци
urna

пътуване
sayohat

хотел
mehmonxona

хостел
sayyohlar yotoqxonasi

обменно бюро
pul ayirboshlash shahobchasi

куфар
chemodan

кола
mashina

език

til

да / не

ha / yo'q

Окей

Xo'p

здравей

salom

преводач

tarjimon

Благодаря

Raxmat

Колко струва...?
necha pul...?

Не разбирам
Tushunmadim

проблем
muammo

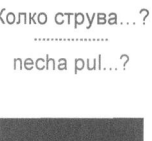

Добър вечер!
Xayrli kech!

Добро утро!
Xayrli tong!

Лека нощ!
Xayrli tun!

довиждане
ko'rishguncha

посока
yo'nalish

багаж
yo'lovchi yuki

пътна чанта
safarxalta

раница
yuk xalta

посетител
mehmon

стая
xona

спален чувал
uyquqop

палатка
palatka

пътуване - sayohat

туристическа информация
sayohlarga ma'lumot berish stoli

плаж
plyaj

кредитна карта
omonat karta

закуска
nonushta

обед
nonushta

вечеря
kechki ovqat

билет
chipta

асансьор
lift

пощенска марка
marka

граница
chegara

митница
bojxona

посолство
elchixona

виза
viza

паспорт
pasport

пътуване - sayohat

транспорт
transport

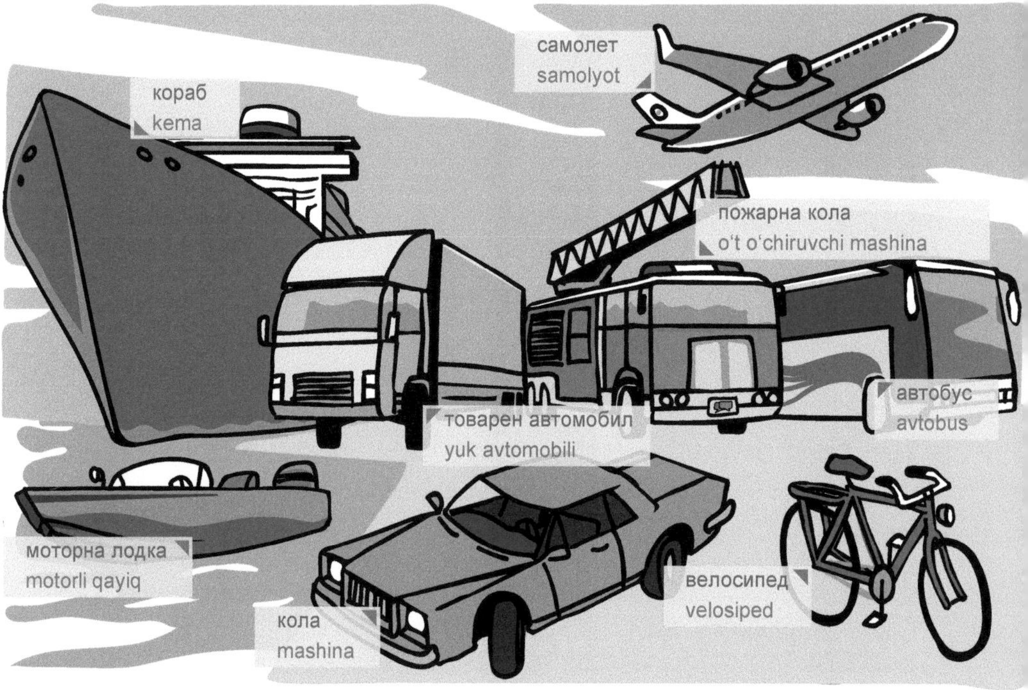

самолет
samolyot

кораб
kema

пожарна кола
o't o'chiruvchi mashina

автобус
avtobus

товарен автомобил
yuk avtomobili

моторна лодка
motorli qayiq

кола
mashina

велосипед
velosiped

ферибот
solsimon yassi kema

лодка
qayiq

мотоциклет
mototsikl

полицейска кола
posbon mashinasi

състезателна кола
poyga mashinasi

кола под наем
kiraga olingan avtoulov

каршеринг
avtoijara

автомобил от "Пътна помощ"
shatakka oluvchi yuk avtomobili

сметовоз
axlat mashinasi

двигател
motor

бензин
yoqilg'i

бензиностанция
yoqilg'i quyish shahobchasi

пътен знак
yo'l belgisi

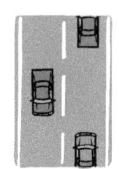

улично движение
yo'l harakati

задръстване
tirband

паркинг
avtomobil to'xtab turish joyi

гара
poyezd bekati

релси
rels

влак
poyezd

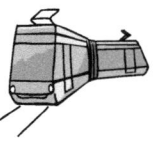

трамвай
tramvay

вагон
vagon

транспорт - transport

хеликоптер
vertolyot

аерогара
aeroport

кула
minora

пасажер
yo'lovchi

контейнер
konteyner

кашон
qog'oz quti

ръчна количка
aravacha

кошница
savat

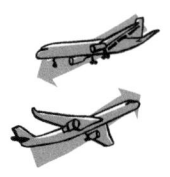

излитам / приземявам се
uchmoq / qo'nmoq

град
shahar

село
qishloq

градски център
shahar markazi

къща
uy

10   град - shahar

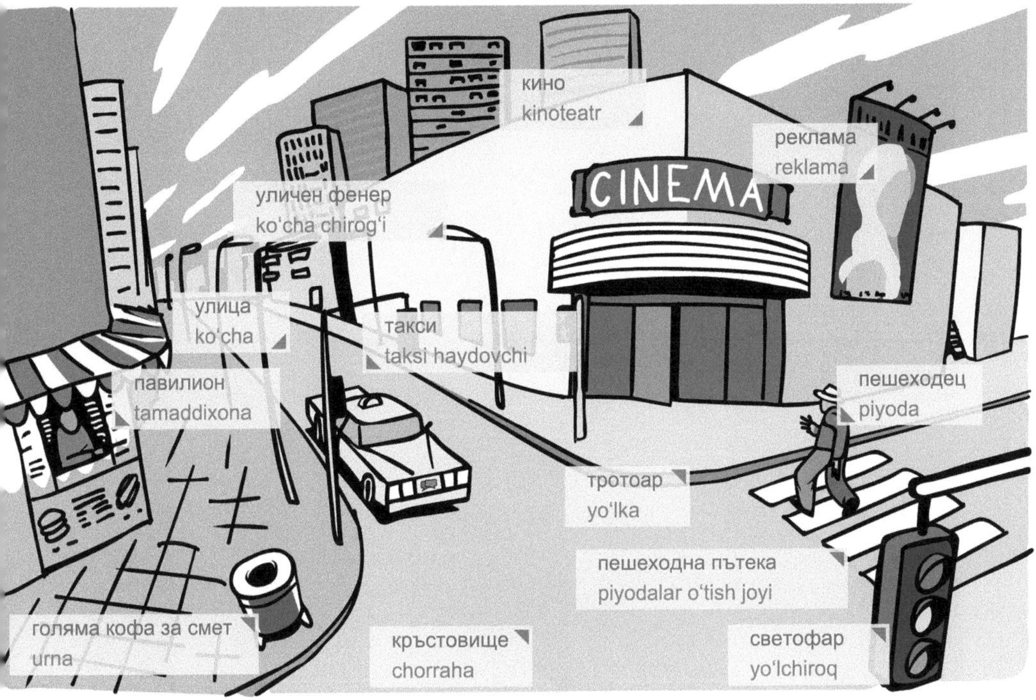

кино
kinoteatr

реклама
reklama

уличен фенер
ko'cha chirog'i

улица
ko'cha

такси
taksi haydovchi

павилион
tamaddixona

пешеходец
piyoda

тротоар
yo'lka

пешеходна пътека
piyodalar o'tish joyi

голяма кофа за смет
urna

кръстовище
chorraha

светофар
yo'lchiroq

хижа
kulba

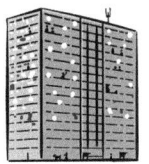

жилище
kvartira

гара
poyezd bekati

кметство
mahalliy hokimiyat binosi

музей
muzey

училище
maktab

град - shahar

университет
oliygoh

банка
bank

болница
shifoxona

хотел
mehmonxona

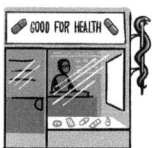

аптека
dorixona

офис
idora

книжарница
kitob do'koni

магазин за цветя
do'kon

магазин за цветя
gul do'koni

супермаркет
supermarket

пазар
bozor

универсален магазин
univermag

търговец на риба
baliq do'koni

търговски център
savdo markazi

пристанище
bandargoh

парк
istirohat bog'i

пейка
bank

мост
ko'prik

стълба
zinapoya

метро
metro

тунел
yer osti yo'li

автобусна спирка
avtobus bekati

бар
bar

ресторант
restoran

пощенска кутия
pochta qutisi

улична табелка
ko'cha yozuv osma taxtasi

часовник за паркинг престой
to'xtab turish vaqtini hisoblagach

зоологическа градина
hayvonot bog'i

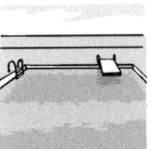

плувен басейн
basseyn

джамия
masjid

град - shahar

селски двор
chorvachilik xo'jaligi

замърсяване на околната среда
atrof-muhit ifloslanishi

гробище
qabriston

църква
ibodatxona

детска площадка
bolalar o'yingohi

храм
ehrom

пейзаж
manzara

- листо — yaproq
- пътепоказател — yo'lko'rsatgich
- път — yo'l
- ливада — o'tloq
- камък — tosh
- дърво — daraxt
- пътешественик — sayyoh
- река — daryo
- трева — maysa
- цвете — gul

 долина vodiy	 планина qir	 море ko'l
 гора o'rmon	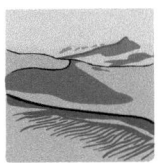 пустиня cho'l	 вулкан vulkan
 замък qal'a	 дъга kamalak	 гъба qo'ziqorin
 палма palma daraxti	 комар pashsha	 муха chivin
 мравка chumoli	 пчела asalari	 паяк o'rgimchak

пейзаж - manzara

бръмбар
qo'ng'iz

жаба
qurbaqa

катеричка
olmaxon

таралеж
tipratikon

заек
quyon

кукумявка
ukki

птица
qush

лебед
oqqush

диво прасе
erkak cho'chqa

елен
bug'u

лос
butoq shohli kiyik

бент
to'g'on

вятърна турбина
shamol generatori

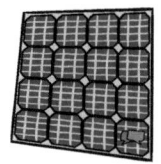

соларен модул
quyosh batareyasi

климат
iqlim

пейзаж - manzara

ресторант
restoran

келнер
ofitsiant

меню
taomnoma

стол
stul

супа
sho'rva

пица
pitstsa

прибори за хранене
oshxona anjomlari

покривка за маса
dasturxon

предястие
gazak

основно ястие
asosiy taom

десерт
desert

напитки
ichimliklar

ядене
taom

бутилка
butilka

ресторант - restoran

бързо хранене
tez pishar taom

улична храна
ko'cha taomi

кана за чай
choynak

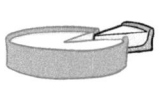

кутия за захар
shakardon

порция
portsiya

еспресо машина
espresso kofe mashinasi

висок детски стол
bolalar kursichasi

сметка
hisob

табла
lagan

ножица за нокти
pichoq

вилица
sanchqi

лъжица
qoshiq

чаена лъжичка
choy qoshiq

салфетка
qo'l sochiq

стъклена чаша
stakan

ресторант - restoran

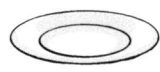

чиния
likop

чиния за супа
sho'rva kosa

чинийка
taqsimcha

сос
qayla

солница
tuzdon

мелничка за черен пипер
qalampir yanchgich

оцет
sirka

олио
yog'

подправки
ziravorlar

кетчуп
ketchup

горчица
xantal

майонеза
mayonez

ресторант - restoran

супермаркет

supermarket

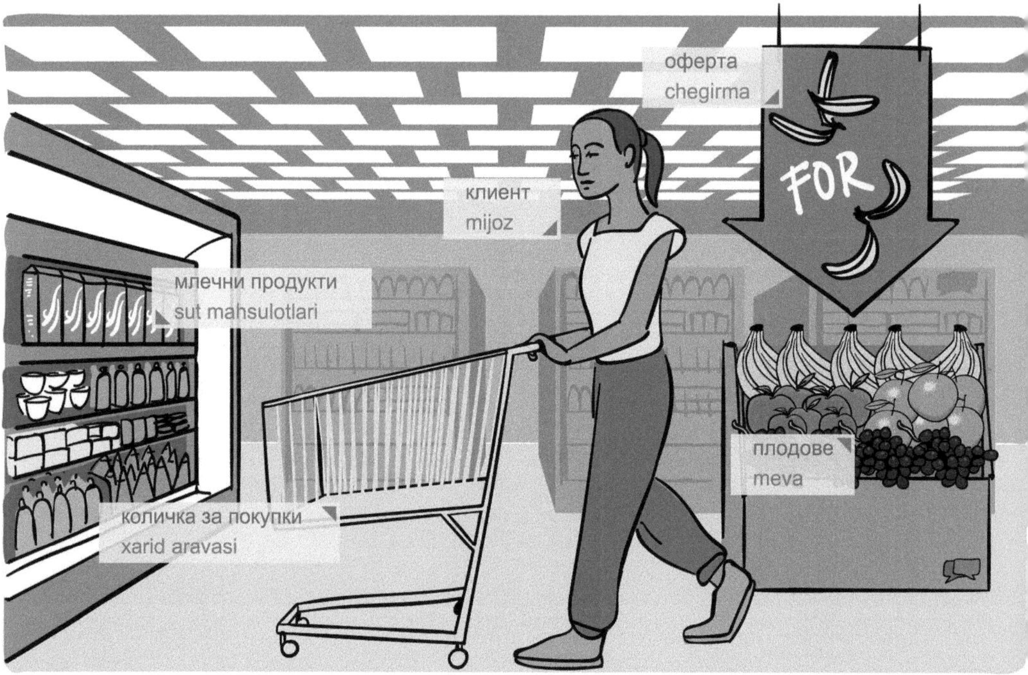

оферта
chegirma
FOR
клиент
mijoz
млечни продукти
sut mahsulotlari
плодове
meva
количка за покупки
xarid aravasi

BUTCHERS

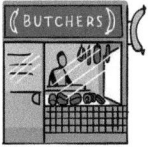

кланица

qassobxona

BAKERY

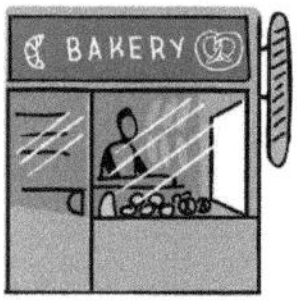

хлебарница

nonvoyxona

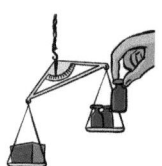

тегля

tarozida o'lchamoq

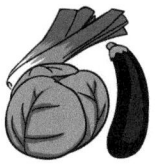

зеленчуци

sabzavot

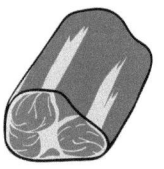

месо

go'sht

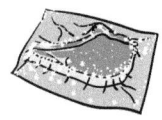

дълбоко замразена храна

muzlatilgan taomlar

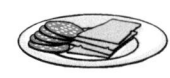

нарязан колбас или сирене
yaxna goʻsht

консерви
konserva

перилен препарат
kir yuvish vositasi

лакомства
shirinliklar

домакински изделия
kundalik isteʼmol taomlari

почистващи препарати
yuvish vositalari

продавачка
sotuvchi

каса
kassa

касиер
kassachi

списък на покупките
xarid roʻyxati

работно време
ish vaqti

портфейл
hamyon

кредитна карта
omonat karta

чанта
xalta

пластмасова торба
tsellofan xalta

супермаркет - supermarket

напитки
ichimliklar

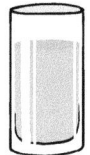
вода
suv

сок
sharbat

мляко
sut

кола
koka-kola

вино
vino

бира
pivo

алкохол
spirtli ichimlik

какао
kakao

чай
choy

кафе машина
kofe

еспресо
espresso

капучино
kapuchino

ядене
taom

банан
banan

ябълка
olmaxon

портокал
apelsin

пъпеш
qovun

лимон
limon

морков
sabzi

чесън
sarimsoq

бамбук
bambuk

лук
piyoz

гъба
qo'ziqorin

ядки
yong'oq

макарони
lag'mon

спагети
spagetti

ориз
guruch

салата
salat

пържени картофи
kartoshka-fri

печени картофи
qovurilgan kartoshka

пица
pitstsa

хамбургер
gamburger

сандвич
sendvich

шницел
to'qmoqlangan to'sh qiymasi

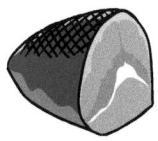

шунка
dudlangan cho'chqa go'shti

траен колбас
salyami kolbasasi

салам
sosiska

пиле
tovuq go'shti

печено
qovurilgan

риба
baliq

ядене - taom

овесени ядки

suli bo'tqasi

мюсли

myusli

корнфлейкс

makkajo'xori yormasi

брашно

un

кроасан

frantsuz bulochkasi

хлебчета

bulochka

хляб

non

препечена филийка

qizartirilgan non burdasi

бисквити

pishiriq

масло

sariyog'

извара

tvorog

сладкиш

pirog

яйце

tuxum

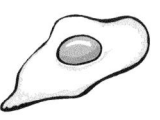

яйца на очи

qovurilgan tuxum

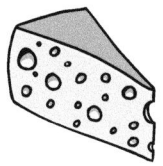

сирене

pishloq

ядене - taom

сладолед
muzqaymoq

захар
shakar

мед
asal

мармалад
murabbo

нуга крем
shokolad pastasi

къри
zarchava

ядене - taom

селски двор
chorvachilik xo'jaligi

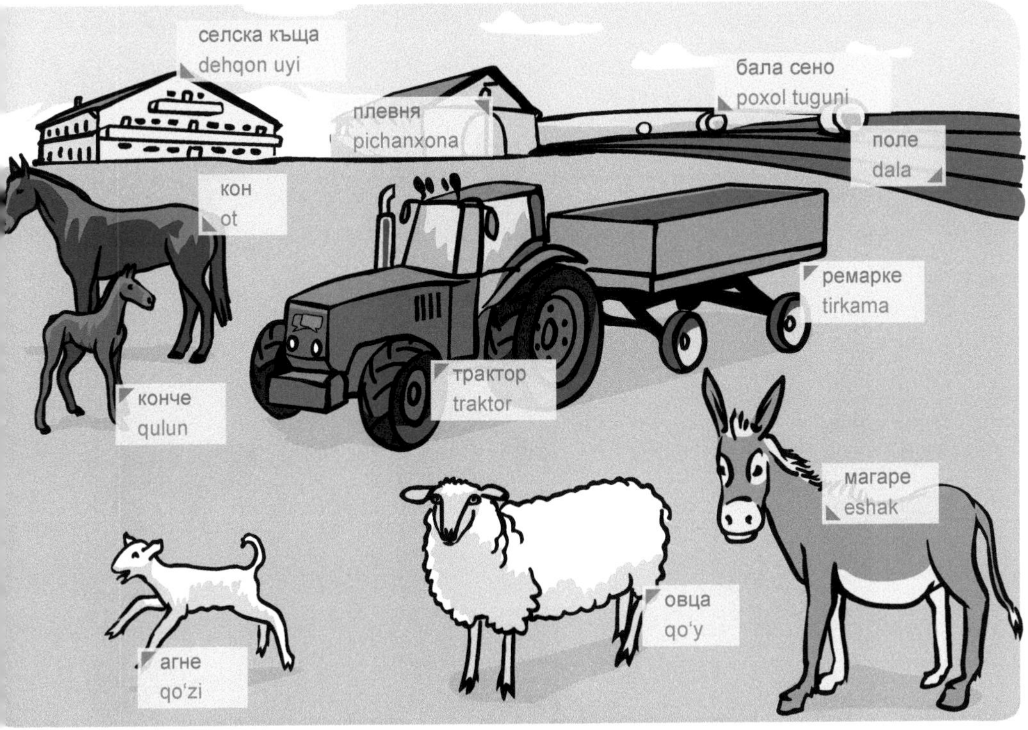

селска къща / dehqon uyi
плевня / pichanxona
бала сено / poxol tuguni
поле / dala
кон / ot
ремарке / tirkama
конче / qulun
трактор / traktor
магаре / eshak
овца / qo'y
агне / qo'zi

коза
echki

крава
sigir

теле
buzoq

свиня
cho'chqa

прасенце
cho'chqa bolasi

бик
buqa

гъска
g'oz

патица
o'rdak

пиленце
jo'ja

кокошка
tovuq

петел
xo'roz

плъх
kalamush

котка
mushuk

мишка
sichqon

вол
ho'kiz

куче
it

кучешка колиба
katalak

градински маркуч
hovli bog' shlangi

лейка
gulchelak

коса
belo'roq

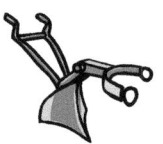

плуг
temir omoch

селски двор - chorvachilik xo'jaligi

сърп
qo'loroq

мотика
chopqi

вила за тор
panshaxa

брадва
bolta

ръчна количка
g'altakarava

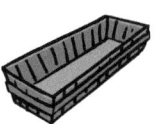

корито
oxur

съд за мляко
sut bidoni

чувал
to'rva

ограда
panjara

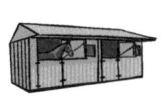

обор
og'ilxona

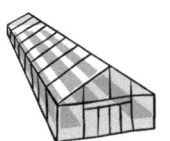

парник
issiqxona

земя
tuproq

сеитба
urug'

тор
o'g'it

комбайн
kombayn

селски двор - chorvachilik xo'jaligi

жъна
hosil olmoq

реколта
yig'im-terim

ямс
yams

жито
bug'doy

соя
soya

картоф
kartoshka

царевица
makkajo'xori

рапица
raps urug'i

овощно дърво
mevali daraxt

маниока
maniok

зърнени храни
yorma

селски двор - chorvachilik xo'jaligi

къща
uy

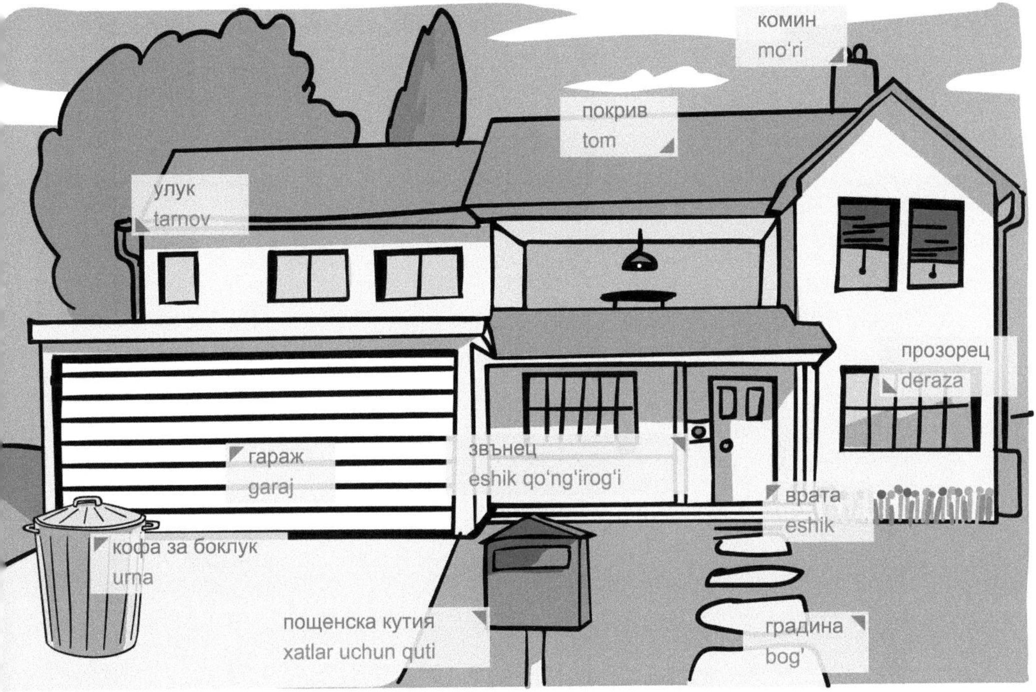

- комин / mo'ri
- покрив / tom
- улук / tarnov
- прозорец / deraza
- гараж / garaj
- звънец / eshik qo'ng'irog'i
- врата / eshik
- кофа за боклук / urna
- пощенска кутия / xatlar uchun quti
- градина / bog'

всекидневна
mehmonxona

баня
vannaxona

кухня
oshxona

спалня
yotoqxona

детска стая
bolalar xonasi

трапезария
oshxona

къща - uy

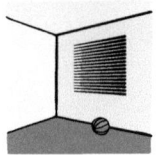

под
pol

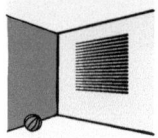

стена
devor

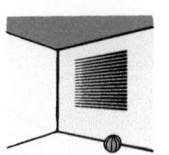

таван
ship

изба
podval

сауна
sauna

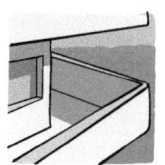

балкон
balkon

тераса
ayvon

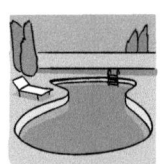

плувен басейн
basseyn

косачка
oʻt oʻrgich mashina

спално бельо
koʻrpajild

покривка за легло
choyshab

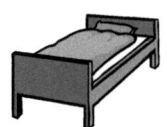

легло
krovat

метла
supurgi

кофа
paqir

електрически ключ
murvat

всекидневна
mehmonxona

картина / surat
тапет / gulqog'oz
лампа / chiroq
рафт / tokcha
шкаф / javon
камина / o'chog'
телевизор / televizor
цвете / gul
възглавница / yostiq
канапе / divan
ваза / guldon
дистанционно управление / masofadan boshqarish pulti

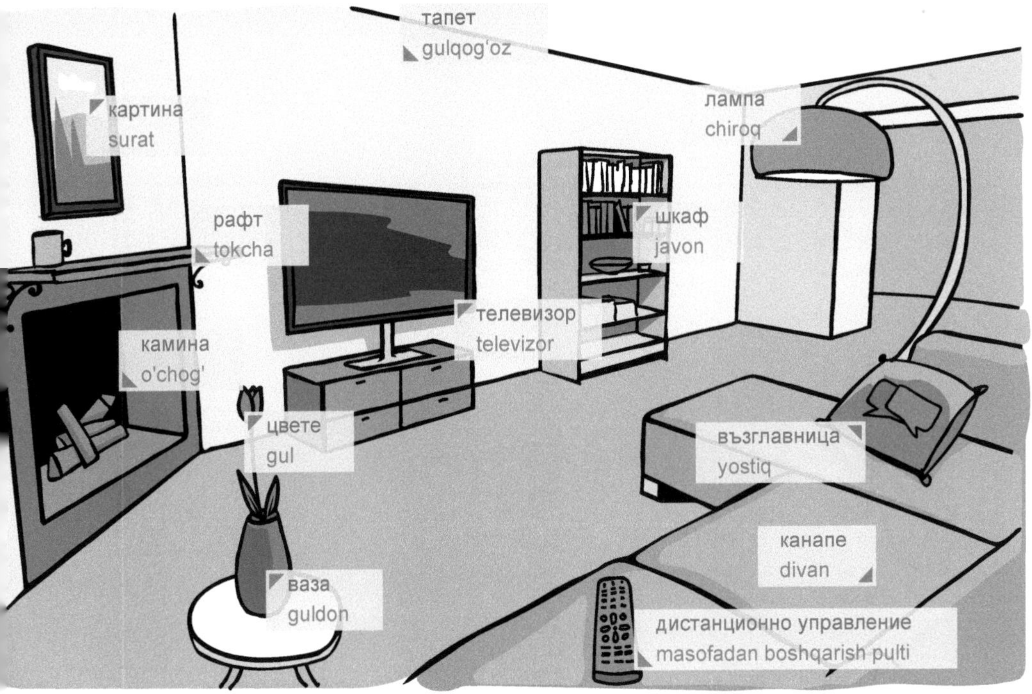

килим
gilam

завеса
parda

маса
stol

стол
stul

люлеещ се стол
tebranma kursi

кресло
kreslo

всекидневна - mehmonxona

книга
kitob

одеяло
ko'rpa

декорация
hasham

дърва за отопление
o'tin

филм
kino

стерео уредба
stereo qurilma

ключ
kalit

вестник
gazeta

живопис
rasm

постер
plakat

радио
radio

бележник
yon daftar

прахосмукачка
chang yutgich

кактус
kaktus

свещ
sham

кухня
oshxona

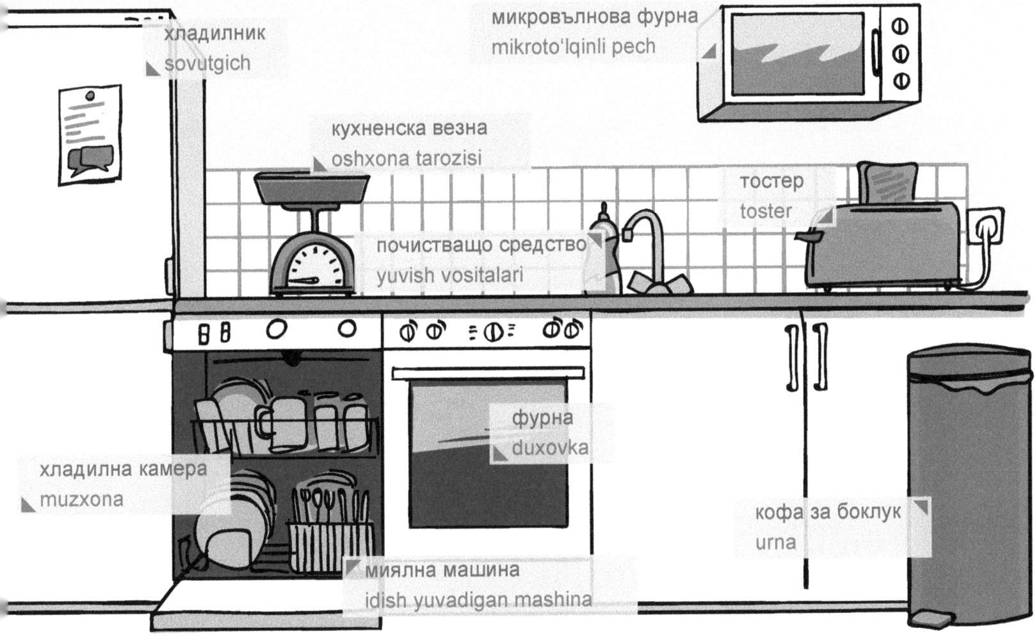

хладилник
sovutgich

микровълнова фурна
mikroto'lqinli pech

кухненска везна
oshxona tarozisi

тостер
toster

почистващо средство
yuvish vositalari

хладилна камера
muzxona

фурна
duxovka

кофа за боклук
urna

миялна машина
idish yuvadigan mashina

готварска печка
plita

тенджера
kastryul

желязна тенджера
cho'yan qozon

уок / кадаи
bo'rtma tubli tova

тиган
tova

кана за затопляне на вода
chovgun

уред за готвене на пара
mantiqasqon

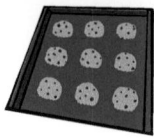
тава за печене
tunuka tova

съдове
chinni idish

чаша
krushka

купа
kosa

клечки за хранене
taom yeyish tayoqchalari

черпак
cho'mich

лопатка за тиган
kurakcha

тел за разбиване (на яйца, белтъци)
ko'pirtirgich

кошница за варене
chovli

гевгир
elak

ренде
qirg'ich

хаван
hovoncha

барбекю
gril

огнище
olov

кухня - oshxona

дъска
oshtaxta

точилка
juva

тирбушон
parmasimon tiqin ochgich

кутия
konserva

отварачка за консерви
konserva ochgich

кухненска ръкохватка
tutgich

мивка
unitaz

четка
idish cho'tka

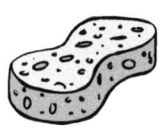
гъба
qozonsochiq

миксер
qorishtirgich

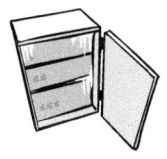
фризер
muzlatgich

бебешко шише
so'rg'ichli chaqaloq butilkasi

воден кран
kran

кухня - oshxona

баня
vannaxona

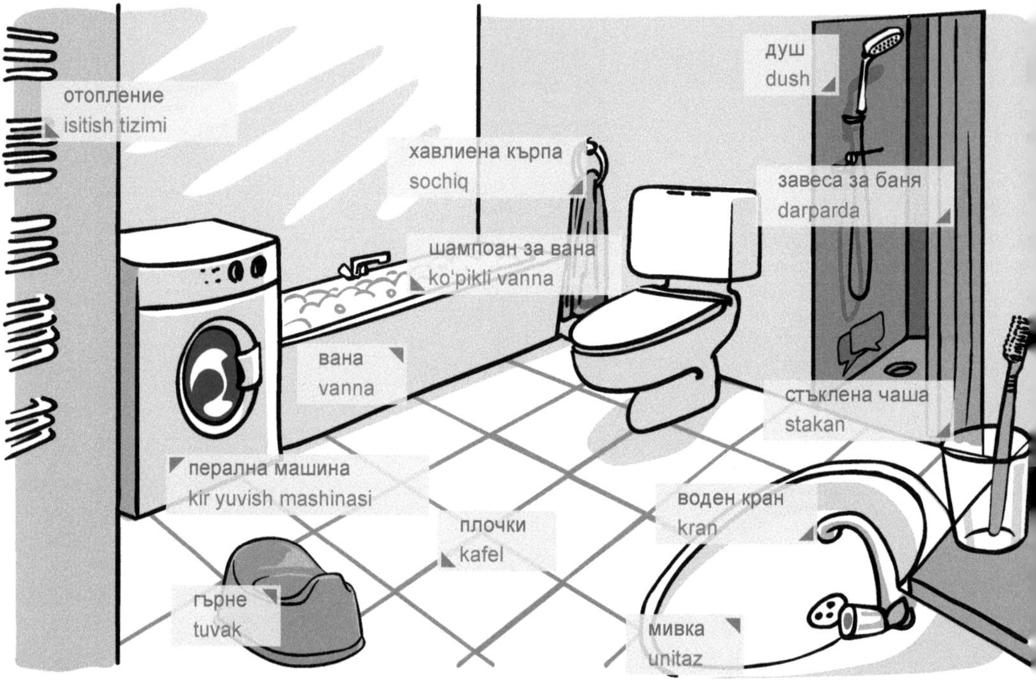

- отопление / isitish tizimi
- хавлиена кърпа / sochiq
- шампоан за вана / ko'pikli vanna
- вана / vanna
- перална машина / kir yuvish mashinasi
- гърне / tuvak
- душ / dush
- завеса за баня / darparda
- стъклена чаша / stakan
- воден кран / kran
- плочки / kafel
- мивка / unitaz

тоалетна
hojatxona

клекало
polga o'rnatiladigan unitaz

биде
tahoratdon

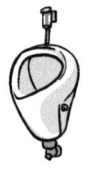

писоар
siydik unitazi

тоалетна хартия
hojatxona qog'ozi

четка за тоалетна
hojatxona cho'tkasi

четка за зъби
tish cho'tka

паста за зъби
tish pastasi

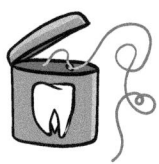

конец за зъби
tish tozalagich ip

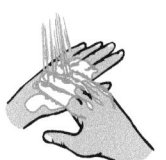

мия
yuvmoq

ръчен душ
dastakli dush

интимен душ
tahorat uchun dush

леген
tog'ora

четка за гръб
yelka qashlaydigan cho'tka

сапун
sovun

душ гел
dush uchun gel

шампоан за вана
shampun

гъба за баня
mochalka

сифон
quvur

крем
krem

дезодорант
dezodorant

баня - vannaxona

огледало
ku'zgu

козметично огледало
qo'l ku'zgusi

ръчна самобръсначка
ustara

пяна за бръснене
ustara uchun ko'pik

одеколон за след бръснене
salqinlantiruvchi balzam

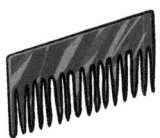

гребен
taroq

четка
cho'tka

сешоар
fen

спрей за коса
soch uchun lak

грим
pardoz-andoz

червило
lab uchun pomada

лак за нокти
tirnoq laki

памук
paxta

ножица за нокти
tirnoq qaychisi

парфюм
atir

баня - vannaxona

тоалетна чантичка

pardoz-andoz xaltasi

табуретка

kursi

везна

tarozi

хавлия

cho'milish xalati

домакински ръкавици

rezina qo'lqop

тампон

tampon

дамски превръзки

gigiyenik taglik

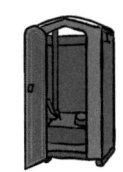

химическа тоалетна

biohojatxona

баня - vannaxona

детска стая
bolalar xonasi

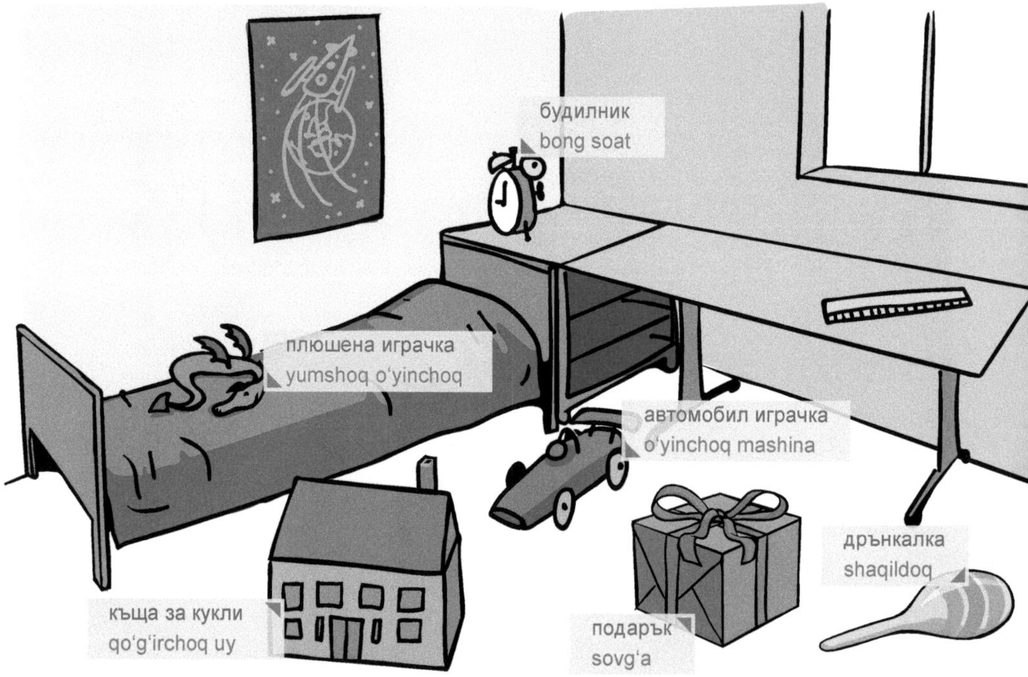

будилник
bong soat

плюшена играчка
yumshoq o'yinchoq

автомобил играчка
o'yinchoq mashina

къща за кукли
qo'g'irchoq uy

подарък
sovg'a

дрънкалка
shaqildoq

балон

shar

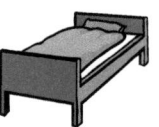

легло

krovat

детска количка

bolalar aravachasi

игра на карти

karta to'plami

пъзел

terma tasvir

комикс

kulgili sahna asari

лего елементи
lego g'ishtlari

строителни елементи
o'yinchoq kubiklar

екшън фигурка
o'yinchoq qahramon

бебешки гащеризон
polzunka

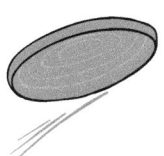
фрисби
uchar likopcha

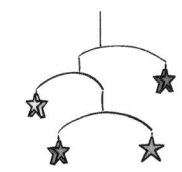
бебешки играчки за легло
osma shaqildoq

настолна игра
stol o'yini

зарче
oshiq

миниатюрно влакче
poyezd maketi

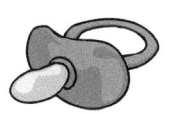
биберон
so'rg'ich

парти
o'tirish

детска книга с илюстрации
rasmli kitob

топка
koptok

кукла
qo'g'irchoq

играя
o'ynamoq

детска стая - bolalar xonasi

пясъчник
qumdon

люлка
arg'imchoq

играчка
o'yinchoqlar

игрова конзола
o'yin pristavkasi

велосипед с три колелета
uch g'ildirakli velosiped

плюшено мече
baxmal ayiq

гардероб
kiyim shkafi

облекло
kiyim

къси чорапи
paypoq

дълги чорапи
chulki

чорапогащник
kolgotka

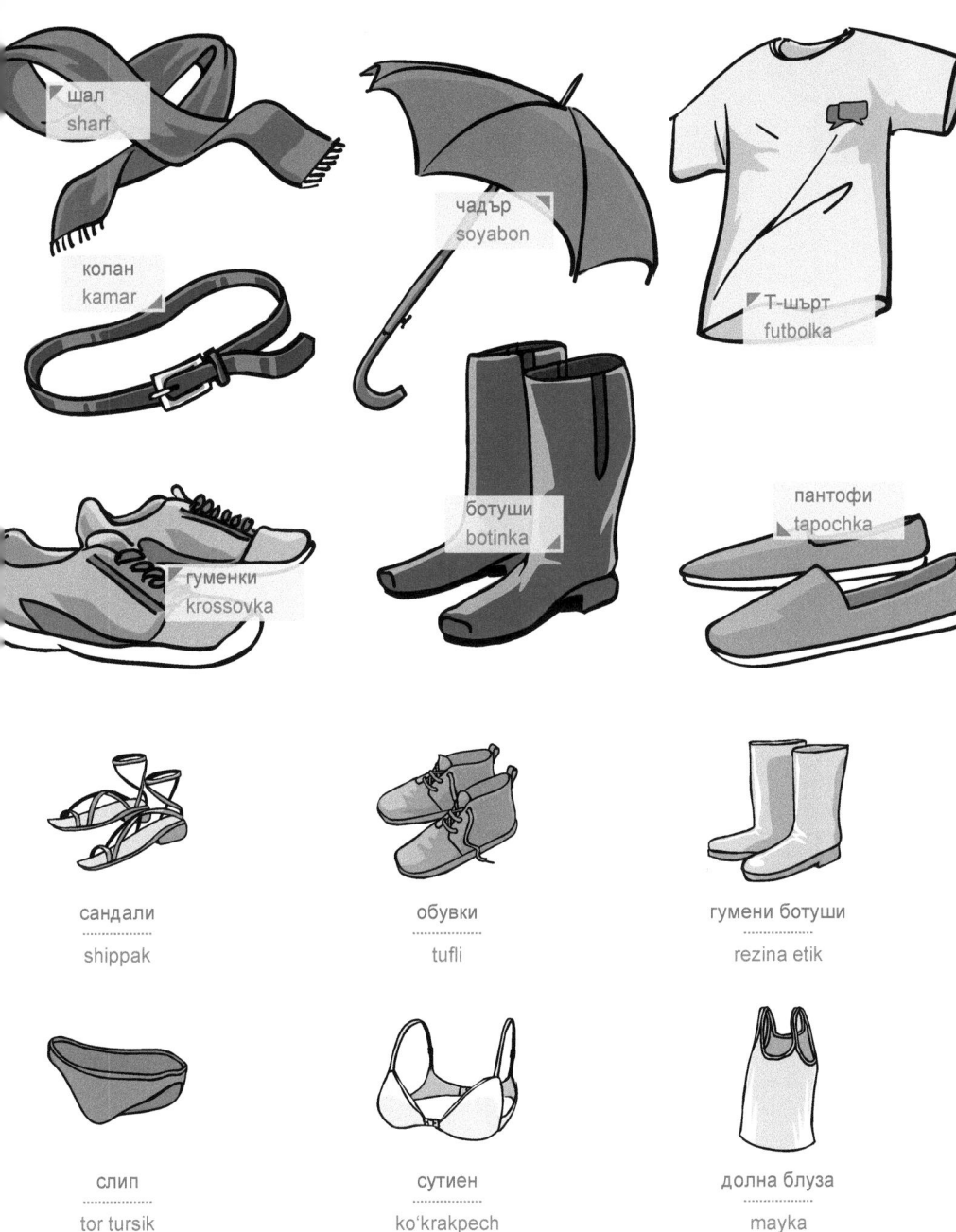

боди
bodi

панталон
ishton

дънки
jinsi

пола
yubka

блуза
kofta

риза
ko'ylak

пуловер
jemper

суичър
uzun chakmon

блейзър
sport bichimidagi pidjak

яке
kurtka

палто
palto

дъждобран
plash

костюм
libos

рокля
ko'ylak

булчинска рокля
kelin ko'ylak

костюм
kostyum shim

нощница
tungi ko'ylak

пижама
pijama

сари
sari

кърпа за глава
sholro'mol

тюрбан
salla

бурка
paranji

кафтан
chakmon

абая
abaya

бански костюм
cho'milish kostyumi

плувни шорти
tursik

къс панталон
shortik

анцуг
sport kostyumi

престилка
fartuk

ръкавици
qo'lqop

облекло - kiyim

копче
tugma

очила
ko'zoynak

гривна
bilaguzuk

верижка
munchoq

пръстен
uzuk

обеца
sirg'a

каскет
kepka

закачалка
palto ilgak

шапка
shlyapa

вратовръзка
bo'yinbog'

цип
zamok

каска
dubulg'a

тиранти
shim tortgich

ученическа униформа
maktab formasi

униформа
forma

48 облекло - kiyim

лигавник
oshxo'rak

биберон
so'rg'ich

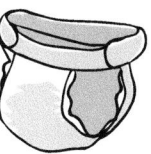

пелена
taglik

офис
idora

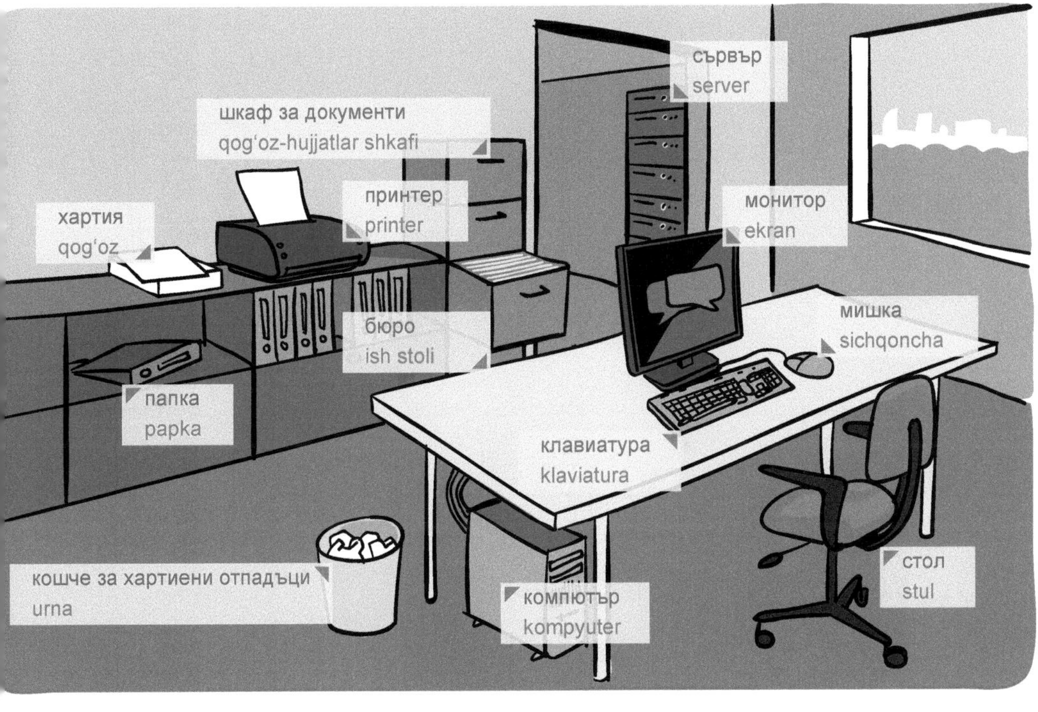

сървър
server

шкаф за документи
qog'oz-hujjatlar shkafi

принтер
printer

монитор
ekran

хартия
qog'oz

мишка
sichqoncha

бюро
ish stoli

папка
papka

клавиатура
klaviatura

кошче за хартиени отпадъци
urna

стол
stul

компютър
kompyuter

чаша за кафе
kofe krujkasi

джобен калкулатор
kalkulyator

интернет
internet

лаптоп
noutbuk

писмо
xat

съобщение
maktub

мобилен телефон
uyali telefon

мрежа
tarmoq

ксерокс
nusxa ko'chirgich

софтуер
dastur

телефон
telefon

контакт
rozetka

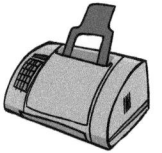
факс
faks

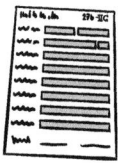
формуляр
shakllar

документ
hujjat

офис - idora

икономика
iqtisod

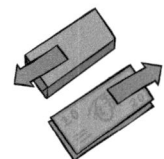

купувам
xarid qilmoq

плащам
to'lamoq

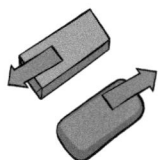

търгувам
savdolashmoq

пари
pul

долар
dollar

евро
yevro

йена
yyen

рубла
rubl

швейцарски франк
shvetsar franki

ренминби юан
Jenminbi xitoy yuani

рупия
rupi

банкомат
bankomat

обменно бюро
pul ayirboshlash shahobchasi

злато
oltin

сребро
kumush

нефт
neft

енергия
energiya

цена
narx

договор
shartnoma

данък
soliq

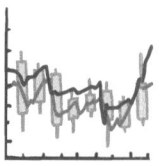

акция
aktsiya

работя
ishlamoq

служител
ishchi

работодател
ish beruvchi

фабрика
zavod

магазин за цветя
do'kon

икономика - iqtisod

професии
kasblar

полицай
politsiyachi

пожарникар
o't o'chiruvchi

готвач
oshpaz

лекар
shifokor

пилот
uchuvchi

градинар

bog'bon

мебелист

duradgor

шивачка

tikuvchi

съдия

hakam

химик

kimyogar

артист

aktyor

шофьор на автобус

avtobus haydovchi

шофьор на такси

taksi haydovchisi

рибар

baliq ovlovchi

чистачка

farrosh

майстор на покриви

tom ustasi

келнер

ofitsiant

ловец

ovchi

художник

bo'yoqchi

хлебар

nonvoyxona

електротехник

elektr ustasi

строителен работник

quruvchi

инженер

muhandis

касапин

qassob

тенекеджия

suvchi chilangar

пощальон

pochtachi

професии - kasblar

войник
askar

архитект
me'mor

касиер
kassachi

цветар
gulchi

фризьор
sartarosh

кондуктор
chiptachi

механик
mexanik

капитан
kapitan

зъболекар
tish shifokori

научен работник
olim

равин
yaxudiylar ruhoniysi

имàм
imom

монах
rohib

свещеник
ruhiniy

професии - kasblar

инструменти
asboblar

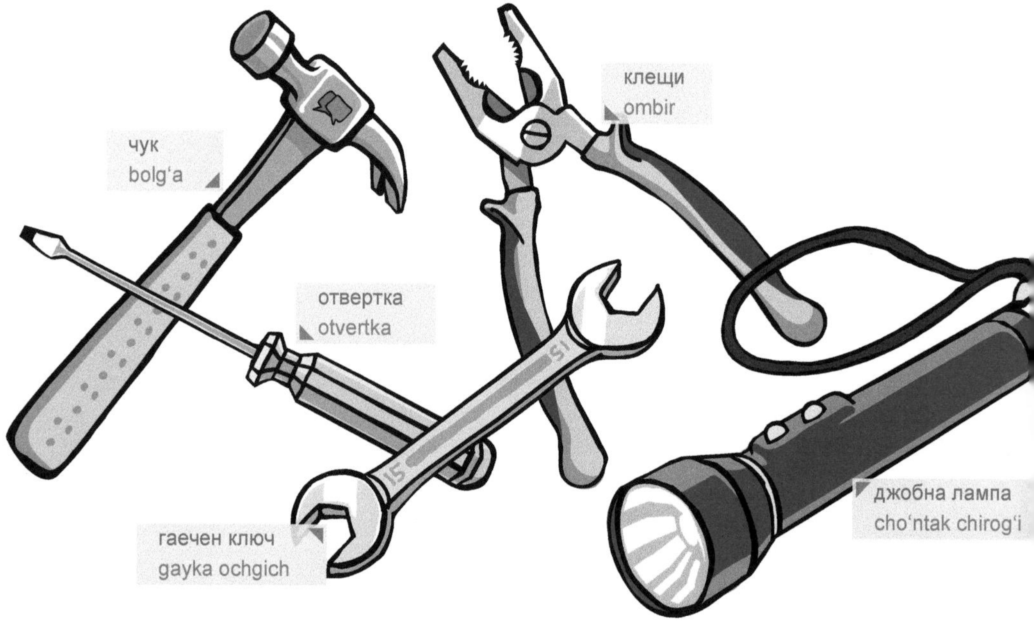

чук
bolg'a

клещи
ombir

отвертка
otvertka

гаечен ключ
gayka ochgich

джобна лампа
cho'ntak chirog'i

багер
ekskavator

кутия за инструменти
asboblar qutisi

стълба
narvon

трион
qo'larra

пирони
mix

бормашина
parmadasta

ремонтирам
tuzatmoq

лопата
belkurak

По дяволите!
Jin ursin!

лопатка за смет
xokandoz

кутия за боя
bo'yoq idish

болтове
burama mix

музикални инструменти
musiqa asboblari

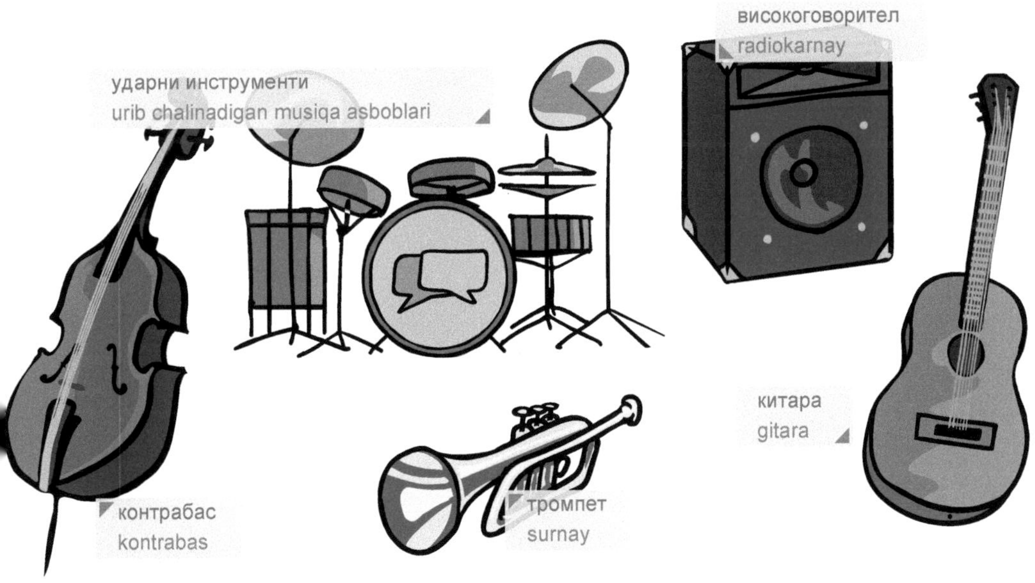

ударни инструменти
urib chalinadigan musiqa asboblari

високоговорител
radiokarnay

китара
gitara

контрабас
kontrabas

тромпет
surnay

пиано
pianino

виолина
g'ijjak

контрабас
bas-gitara

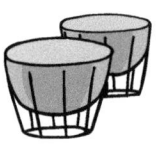

тимпан
qo'shnog'ora

барабан
do'mbira

електрическо пиано
klaviatura

саксофон
saksofon

флейта
nay

микрофон
mikrofon

музикални инструменти - musiqa asboblari

зоологическа градина
hayvonot bog'i

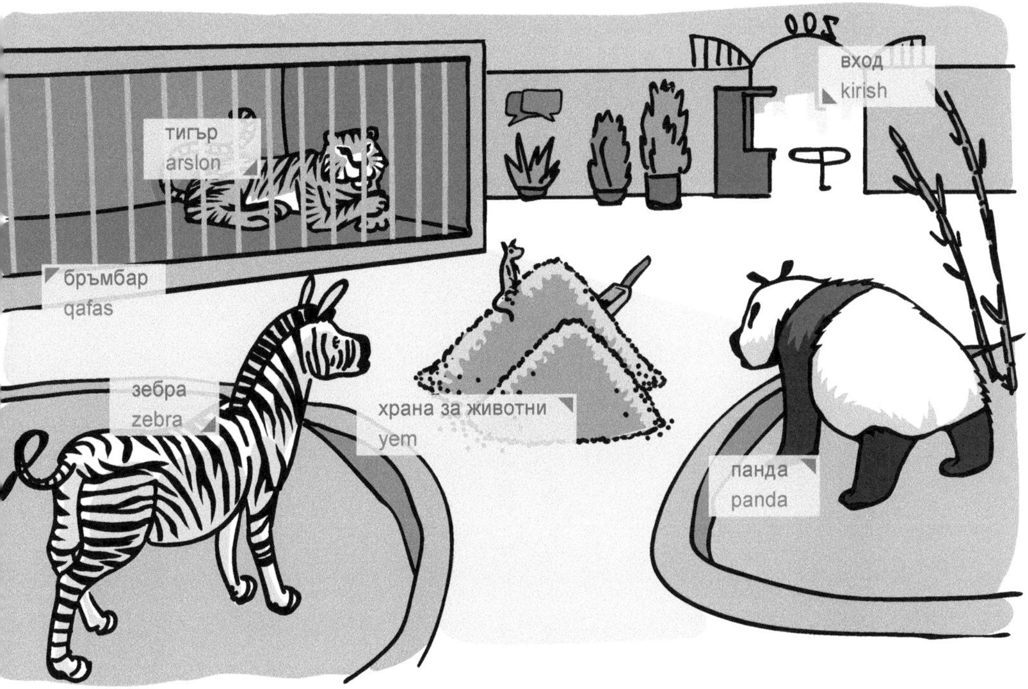

тигър
arslon

вход
kirish

бръмбар
qafas

зебра
zebra

храна за животни
yem

панда
panda

животни

hayvonlar

слон

fil

кенгуру

kenguru

носорог

karkidon

горила

gorilla

мечка

ayiq

камила
tuya

щраус
tuyaqush

лъв
sher

маймуна
maymun

фламинго
qizil g'oz

папагал
to'ti

бяла мечка
oq ayiq

пингвин
pingvin

акула
akula

паун
tovus

змия
ilon

крокодил
timsoh

пазач в зоологическа градина
hayvonot bog'i qorovuli

тюлен
tyulen

ягуар
yaguar

зоологическа градина - hayvonot bog'i

пони

to'pichoq ot

леопард

qoplon

хипопотам

begemot

жираф

jirafa

орел

burgut

диво прасе

erkak cho'chqa

риба

baliq

костенурка

toshbaqa

морж

morj

лисица

tulki

газела

ohu

зоологическа градина - hayvonot bog'i

спорт
sport o'yinlari

| американски футбол | колоездене |
| amerika futboli | yugurish |

тенис
tennis

баскетбол
basketbol

плуване
suzish

бокс
boks

хокей на лед
muz xokkeyi

| футбол | бадминтон | лека атлетика |
| futbol | badminton | yengil atletika |

| хандбал | ски бягане | поло |
| qo'lto'pi | chang'i uchish | polo |

дейности
mashg'ulot

скачам
sakramoq

смея се
kulmoq

прегръщам
quchmoq

вървя
yurmoq

пея
kuylamoq

сънувам
hayol qilmoq

моля се
ibodat qilmoq

целувам
o'pmoq

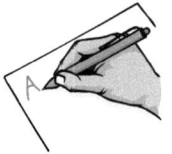

пиша

yozmoq

рисувам

chizmoq

показвам

ko'rsatmoq

бутам

itarmoq

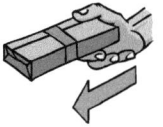

давам

bermoq

взимам

olmoq

дейности - mashg'ulot

имам	правя	съм
ega bo'lmoq	bajarmoq	bo'lmoq

стоя	тичам	дърпам
turmoq	yugurmoq	tortmoq

хвърлям	падам	лежа
uloqtirmoq	yiqilmoq	aldamoq

чакам	нося	седя
kutmoq	tashimoq	o'tirmoq

обличам	спя	събуждам се
kiyinmoq	uxlamoq	uyg'onmoq

дейности - mashg'ulot

разглеждам

qaramoq

плача

yig'lamoq

милвам

zarba bermoq

реша се

taramoq

говоря

gaplashmoq

разбирам

tushunmoq

питам

so'ramoq

слушам

tinglamoq

пия

ichmoq

ям

yemoq

разтребвам

yig'ishtirmoq

обичам

sevmoq

готвя

pishirmoq

карам автомобил

haydamoq

летя

uchmoq

дейности - mashg'ulot

плавам (с платна)	смятане	чета
kemada suzmoq	sanamoq	o'qimoq

уча	работя	женя се
o'rganmoq	ishlamoq	turmush qurmoq

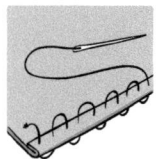 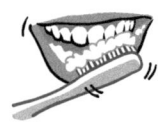 

шия	измивам си зъбите	убивам
tikmoq	tish yuvmoq	o'ldirmoq

пуша	изпращам
chekmoq	yo'llamoq

дейности - mashg'ulot

семейство
oila

баба / buvi
дядо / buva
баща / ota
майка / ona
бебе / chaqaloq
дъщеря / qiz
син / oʻgʻil

посетител

mehmon

леля

amma

чичо

togʻa

брат

aka

сестра

opa

ТЯЛО
tana

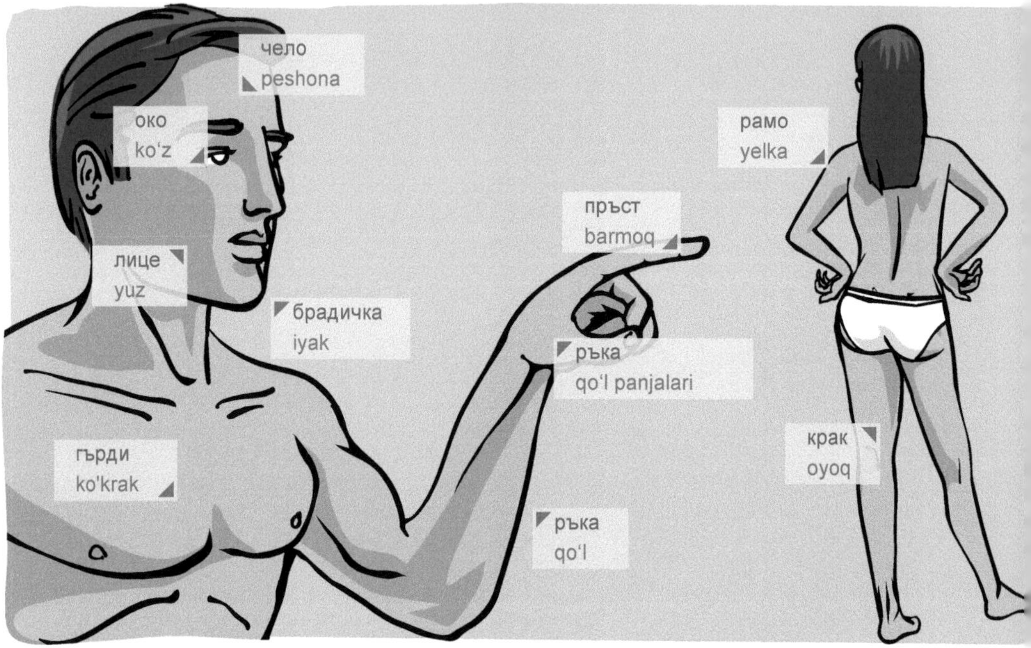

- чело / peshona
- око / ko'z
- лице / yuz
- гърди / ko'krak
- брадичка / iyak
- пръст / barmoq
- ръка / qo'l panjalari
- ръка / qo'l
- рамо / yelka
- крак / oyoq

бебе
chaqaloq

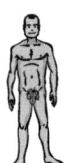

мъж
odam

жена
ayol

момиче
qiz bola

момче
o'g'il bola

глава
bosh

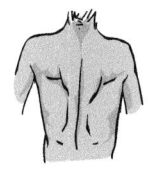
гръб
orqa

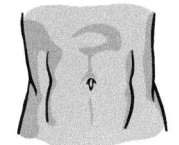
корем
qorin

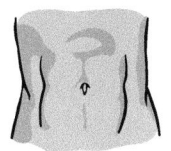
пъп
kindik

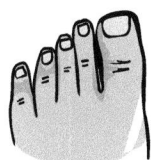
пръст на крака
oyoq barmoqlari

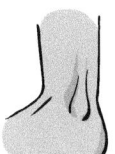
пета
tovon

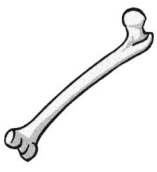
кост
suyak

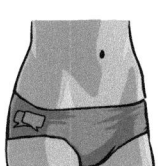
хълбок
bel

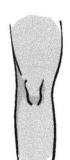
коляно
tizza

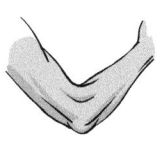
лакът
tirsak

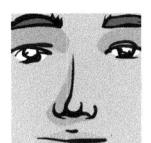
нос
burun

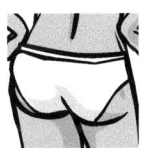
седалище
dumba

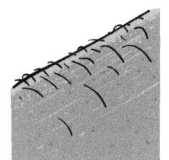
кожа
teri

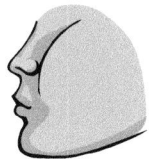
буза
yanoq

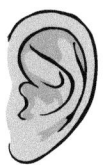
ухо
quloq

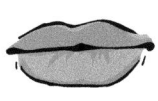
устна
lab

тяло - tana

уста
og'iz

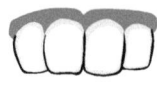
зъб
tish

език
til

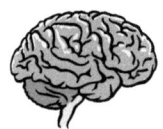
мозък
miya

сърце
yurak

мускул
mushak

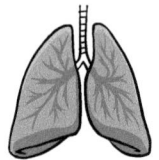
бял дроб
o'pka

черен дроб
jigar

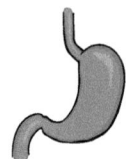
стомах
oshqozon

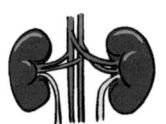
бъбреци
buyrak

полово сношение
jinsiy aloqa

кондом
prezervativ

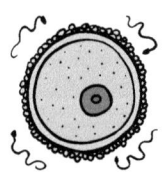
яйцеклетка
tuxum ho'jayra

сперма
urug'

бременност
homiladorlik

тяло - tana

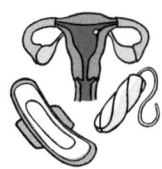
менструация
hayz

вагина
bachadon

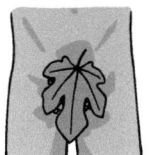
пенис
olat

вежда
qosh

коса
soch

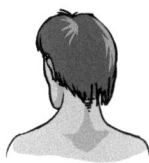
шия
bo'yin

тяло - tana

болница
shifoxona

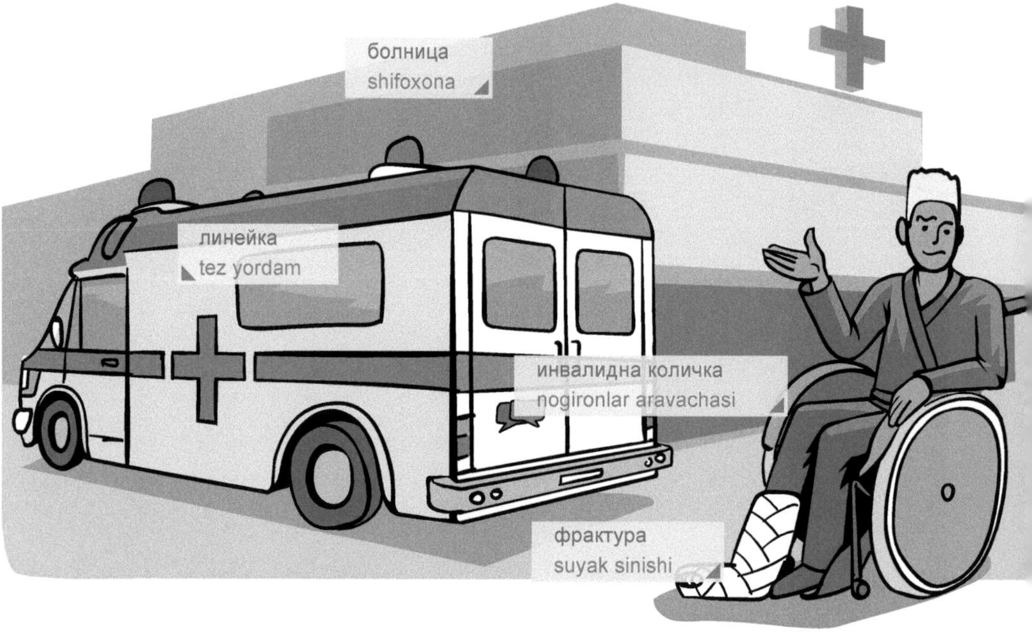

болница / shifoxona

линейка / tez yordam

инвалидна количка / nogironlar aravachasi

фрактура / suyak sinishi

лекар

shifokor

спешна хоспитализация

Shoshilich tibbiy yordam ko'rsatish bo'limi

медицинска сестра

hamshira

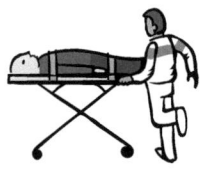

спешен случай

tez yordam

в безсъзнание

hushsizlik

болка

og'riq

 нараняване jarohat	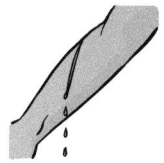 кървене qonash	 инфаркт yurak xuruji
 инсулт insulьt	 алергия allergiya	 кашлица yo'tal
 температура isitma	 грип tumov	 диария ichburug'
 главоболие bosh og'rig'i	 рак saraton kasalligi	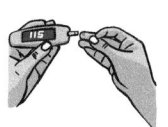 диабет qandli diabet
 хирург jarroh	 скалпел jarroh pichog'i	 операция jarrohlik amaliyoti

болница - shifoxona

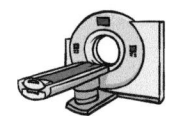

компютърна томография

tomografiya

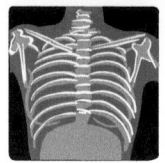

рентген

rentgen

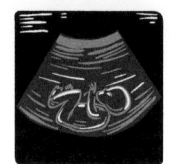

ултразвук

ultratovush tekshiruvi

маска

yuz niqobi

болест

kasallik

чакалня

qabulxona

патерица

qo'ltiqtayoq

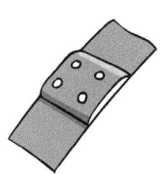

пластир

malhamli plastir

превръзка

bint

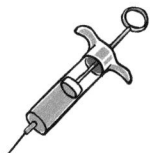

инжекция

ukol

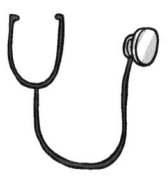

стетоскоп

yurak urushini va o'pkani eshitib ko'radigan asbob

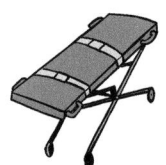

носилка

bemorlar uchun zambil

термометър

termometr

раждане

tug'ruq

наднормено тегло

semizlik

болница - shifoxona

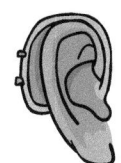

слухов апарат

eshitish moslamasi

дезинфекционно средство

dezinfeksiyalovchi vosita

инфекция

infektsiya

вирус

virus

HIV / AIDS

OIV / OITS

медицина

dori

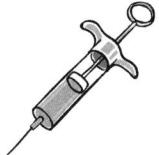

ваксинация

emlash

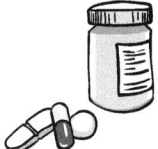

таблети

tabletka

противозачатъчна таблетка

dori

спешно телефонно обаждане

tez yordam qo'ng'irog'i

апарат за измерване на кръвното налягане

qon bosimini o'lchash asbobi

болен / здрав

kasal / sog'lom

болница - shifoxona

спешен случай
tez yordam

Помощ!
Yordamga!

сигнал за тревога
xavf-xatar ishorasi

нападение
tajovuz

атака
hujum

опасност
xavf

авариен изход
favqulodda holatlarda chiqish eshigi

Пожар!
Yong'in

пожарогасител
o't o'chirgich

злополука
falokat

комплект за оказване на първа помощ
birinchi tibbiy yordam to'plami

SOS
falokat signali

полиция
politsiya

Земя
yer

Европа

Yevropa

Северна Америка

Shimoliy Amerika

Южна Америка

Janubiy Amerika

Африка

Afrika

Азия

Osiyo

Австралия

Avstraliya

Атлантически океан

Anlantika okeani

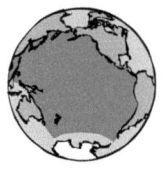

Тихи океан

Tinch okeani

Индийски океан

Hind okeani

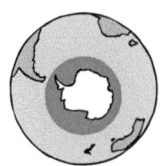

Южен ледовит океан

Antarktida okeani

Северен ледовит океан

Arktika okeani

Северен полюс

Shimoliy qutb

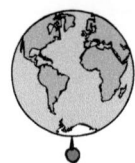  

Южен полюс | Антарктида | Земя
Janubiy qutb | Antarktika | yer

суша | море | остров
oʻlka | dengiz | orol

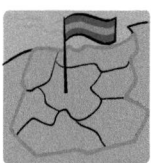 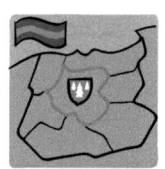

нация | държава
millat | davlat

часовник
soat

циферблат
astronomik vaqt ko'rsatgichi

стрелка на часовете
soat mili

стрелка на минутите
daqiqa mili

стрелка на секундите
lahza mili

Колко е часът?
Soat necha?

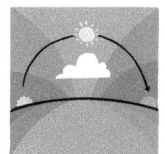

ден
kun

време
vaqt

сега
hozir

дигитален часовник
raqamli soat

минута
daqiqa

час
soat

седмица
xafta

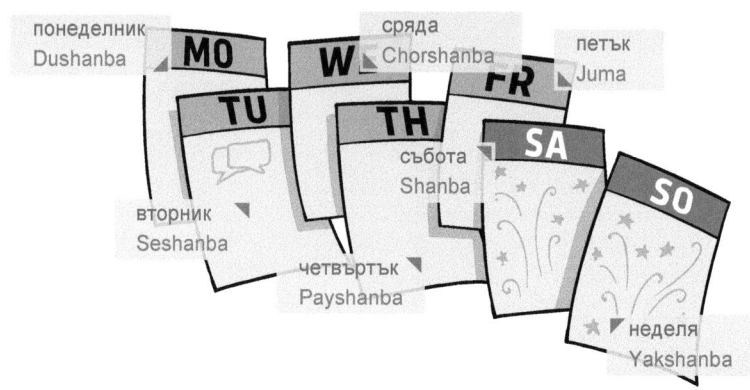

понеделник
Dushanba

вторник
Seshanba

сряда
Chorshanba

четвъртък
Payshanba

петък
Juma

събота
Shanba

неделя
Yakshanba

вчера
kecha

днес
bugun

утре
ertaga

сутрин
ertalab

обед
peshin

вечер
kechqurun

работни дни
ish kunlari

уикенд
dam olish kunlari

година

yil

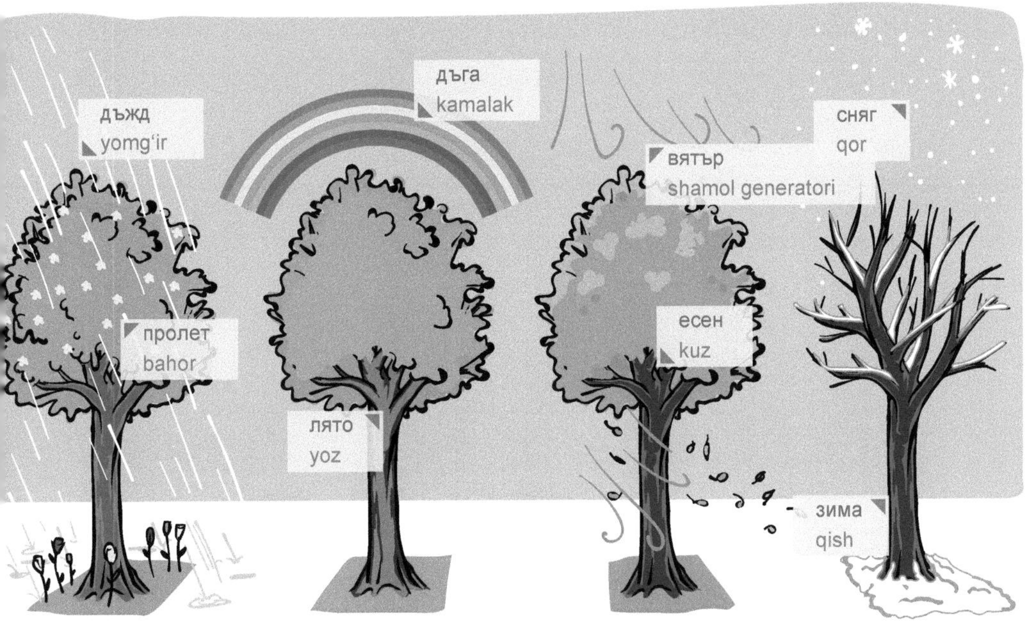

дъжд
yomg'ir
дъга
kamalak
сняг
qor
вятър
shamol generatori
пролет
bahor
есен
kuz
лято
yoz
зима
qish

4.APRIL 11°
5.APRIL 4°
6.APRIL 13°
7.APRIL 8°
8.APRIL 10°

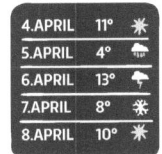

прогноза за времето

ob-havo ma'lumoti

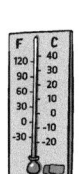

термометър

termometr

слънчева светлина

quyoshli

облак

bulut

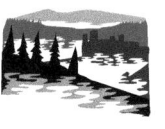

мъгла

tuman

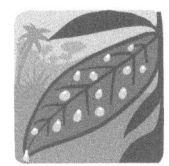

влажност на въздуха

namgarchilik

светкавица
chaqmoq

гръмотевица
momoqaldiroq

буря
bo'ron

градушка
do'l

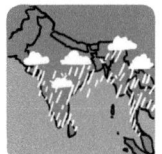

мусон
namgarchilik mavsumi

наводнение
toshqin

лед
muz

януари
Yanvar

февруари
Fevral

март
Mart

април
Aprel

май
May

юни
Iyun

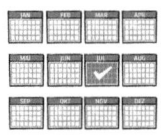

юли
Iyul

август
Avgust

година - yil

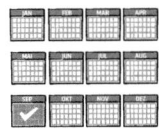

септември

Sentyabr

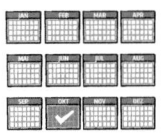

октомври

Oktyabr

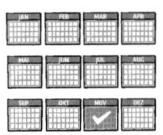

ноември

Noyabr

декември

Dekabr

форми
shakllar

кръг

aylana

квадрат

kvadrat

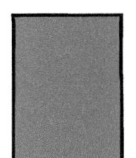

четириъгълник

to'rtburchak

триъгълник

uchburchak

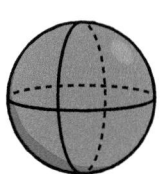

сфера

doira

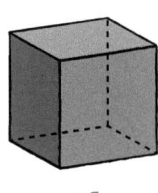

куб

kub

цветове
ranglar

бял

oq

жълт

sariq

оранжев

sabzi rang

розов

pushti

червен

qizil

лилав

to'q qizil

син

ko'k

зелен

yashil

кафяв

jigar rang

сив

kul rang

черен

qora

противоположности
qarama-qarshi ma'noli so'zlar

много / малко
ko'p / oz

ядосан / спокоен
g'azabli / xotirjam

красив / грозен
go'zal / xunuk

начало / край
boshi / oxiri

голям / малък
katta / kichik

светъл / тъмен
yorug' / qorong'u

брат / сестра
aka / singil

чист / мръсен
toza / iflos

пълен / непълен
to'liq / chala

ден / нощ
kun / tun

мъртъв / жив
o'lik / tirik

широк / тесен
keng / tor

ядлив / неядлив

yesa bo'ladigan / yesa bo'lmaydigan

сърдит / любезен

yovuz / xayrli

развълнуван / скучаещ

hayajonli / zerikarli

дебел / тънък

semik / oriq

най-напред / най-накрая

birinchi / oxirgi

приятел / враг

do'st / dushman

пълен / празен

to'la / bo'sh

твърд / мек

qattiq / yumshoq

тежък / лек

og'ir / yengil

глад / жажда

ochlik / chanqov

болен / здрав

kasal / sog'lom

нелегален / легален

noqonuniy / qonuniy

интелигентен / глупав

ziyoli / kaltafahm

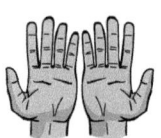

ляво / дясно

chap / o'ng

близо / далече

yaqin / uzoq

нов / употребяван
yangi / ishlatilgan

нищо / нещо
hech narsa / bir narsa

стар / млад
qari / yosh

вкл. / изкл.
yoniq / oʻchiq

отворен / затворен
ochiq / yopiq

тих / силен (звук)
past / baland

богат / беден
boy / kambagʻal

правилен / погрешен
toʻgʻri / notoʻgʻri

грапав / гладък
notekis / tekis

тъжен / щастлив
xafa / xursand

дълъг / къс
qisqa / uzun

бавен / бърз
sekin / tez

мокър / сух
nam / quruq

топъл / студен
iliq / salqin

война / мир
urush / tinchlik

противоположности - qarama-qarshi maʼnoli soʻzlar

числа
raqamlar

0
нула
nol

1
едно
bir

2
две
ikki

3
три
uch

4
четири
to'rt

5
пет
besh

6
шест
olti

7
седем
yetti

8
осем
sakkiz

9
девет
to'qqiz

10
десет
o'n

11
единадесет
o'n bir

12
дванадесет

o'n ikki

13
тринадесет

o'n uch

14
четиринадесет

o'n to'rt

15
петнадесет

o'n besh

16
шестнадесет

o'n olti

17
седемнадесет

o'n yetti

18
осемнадесет

o'n sakkiz

19
деветнадесет

o'n to'qqiz

20
двадесет

yigirma

100
сто

yuz

1.000
хиляда

ming

1.000.000
милион

million

числа - raqamlar

езици
tillar

английски

Ingliz

американски английски

Amerikacha ingliz tili

китайски мандарин

Xitoy tilining Mandarin lahchasi

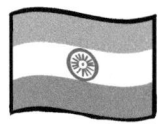

хинди

Hind

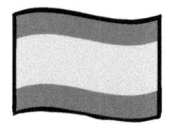

испански

Ispan

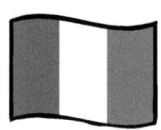

френски

Frantsuz

арабски

Arab

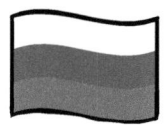

руски

Rus

португалски

Portugal

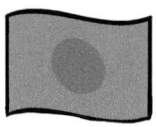

бенгалски

Bengal

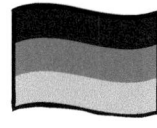

немски

Nemis

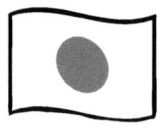

японски

Yapon

езици - tillar

кой / какво / как
kim / nima / qanday

аз
Men

ти
Sen

той / тя / то
u / u / u

ние
biz

вие
sizlar

те
ular

кой?
kim?

какво?
nima?

как?
qanday?

къде?
qayerda?

кога?
qachon?

име
ism

къде
qayerda

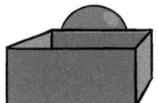

зад
orqada

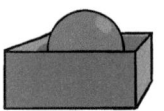

в
ichida

пред
oldida

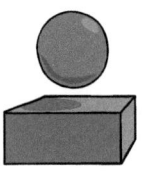

над
uzra

върху
ustida

под
tagida

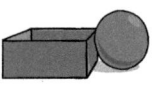

до
yonida

между
o'rtasida

място
joy